AF253756

CONSIDÉRATIONS

SUR LES FINANCES,

SUR LA DETTE PUBLIQUE,

SUR LA NÉCESSITÉ ET SUR LES MOYENS

DE CRÉER

UN MILLIAR EN PAPIER MONNAIE,

AUSSI SOLIDE ET PLUS PRÉCIEUX QUE L'OR,

Qui, employé à payer l'arriéré actuel, féconderait d'autant l'Industrie, l'Agriculture et le Commerce de la France.

PAR H. BOUCHON DUBOURNIAL,

Ancien Ingénieur des Ponts et Chaussées; et Auteur, avant la révolution, de plusieurs Ouvrages sur les Finances et sur l'Economie politique,

---

A PARIS,

Chez RENAND, Libraire, rue J. J. Rousseau, n.º 5;
Et chez les Marchands de Nouveautés.

DUBRAY, IMPRIMEUR, RUE VENTADOUR, N.º 5.

SEPTEMBRE 1814.

CONSIDÉRATIONS

SUR LES FINANCES,

SUR LA DETTE PUBLIQUE,

SUR LA NÉCESSITÉ ET SUR LES MOYENS

DE CRÉER

UN MILLIAR EN PAPIER MONNAIE,

Aussi solide et plus précieux que l'or.

———

Elle est donc enfin connue cette inquié-
tante situation de nos finances, qui, depuis
plusieurs années, alarmait les esprits pré-
voyans, et qu'on nous dissimulait sous
l'imposante apparence de l'ordre et de
l'exactitude : nous avons enfin la certitude
qu'aucun des budjets présentés à la nation
par le dernier gouvernement ne fut sincère
et complet, que toujours les recettes y fu-
rent exagérées, et les dépenses atténuées !

Le but de cette marche tortueuse, constamment favorisée par les besoins toujours
impérieux de l'année qui allait s'ouvrir, ne
pouvait être que d'accumuler successive-

ment tous les *déficit* des années antérieures, pour en former une insoutenable masse de dettes qu'un coup d'autorité aurait anéantie ou réduite arbitrairement, et nous étions à la veille d'une effroyable banqueroute, sous la dénomination de *mise à l'arriéré:* mais un coup du ciel a prévenu ce nouveau coup de l'enfer sur la malheureuse France; il a déterminé la catastrophe, mais sans déchirement ; elle se réduit à un arriéré de 1,308,156,500 fr., dont 759,165,000 fr. sont exigibles et doivent être payés.

Honneur et grâces au ministre qui a eu le talent de débrouiller le chaos résultant de tous ces budjets inexacts et de tant d'autres causes, le courage de nous montrer telle qu'elle est notre véritable situation, et assez de loyauté pour déclarer franchement à son prince et à ses concitoyens, que l'Etat devait se décharger avec honneur, c'est-à-dire avec équité, du fardeau de cet énorme arriéré , triste et dernier résultat des écarts de notre révolution. Ce langage est nouveau pour nous; il est celui de la vérité; comme elle il est sévère; cependant quelqu'alarmant qu'il puisse paraître, on l'entend avec une sorte de satisfaction. Quand on souffre, on aime à connaître, par l'organe même de son médecin de confiance, la nature, les causes et les effets possibles des maux qu'on endure : l'espérance renaît ou se consolide; l'imagination se calme; elle cesse de s'exagérer les chances fâcheuses; et alors les remèdes opèrent avec plus d'aisance et d'efficacité.

Ne nous le dissimulons point cependant, la maladie actuelle de la France pourrait devenir incurable, elle pourrait même être mortelle, si les remèdes qu'on y opposera sont ou mal choisis ou d'un effet trop tardif. Cette maladie au contraire, toute grave qu'elle paraisse, serait légère et de peu de durée; elle pourrait même n'être qu'un acheminement à un état de santé et de prospérité dont la France n'a jamais pu jouir, si ces remèdes sont convenablement appropriés à son tempérament; et sur tout s'ils attaquent la cause principale de ce malaise général, qui depuis si long-temps la tient alternativement en langueur et en convulsion.

Si la France, pour se tirer à jamais de cet état de crise qui ne peut que devenir toujours plus dangereux à mesure qu'il se pro-

longerait, n'avait qu'à se débarrasser du fardeau de l'arriéré actuel en le payant avec
la plus honorable équité, on ne pourrait
rien désirer, rien imaginer de plus satisfai-
sant que le moyen conçu et proposé par
S. E. le ministre des finances. Mais ne s'a-
git-il donc, pour mettre fin à nos maux, pour
prévenir les funestes effets de cette paraly-
sie qui affecte si sensiblement le travail,
l'industrie et le commerce, que de trouver
un moyen quelconque de payer loyalement
cet arriéré? Ce paiement effectué en obligations du trésor, garanties par le prix de la
vente de trois cents mille hectares de forêts
domaniales, nous rendra-t-il cette aisance
individuelle, *ces moyens de travail pour tous*,
sans lesquels l'Etat le plus robuste reste nécessairement toujours faible et souffrant;
sans lesquels la population, ce principe es-
sentiel de la force des Etats, devient un de
leurs principes de destruction, d'autant plus
actif et dangereux qu'elle est plus nombreuse? et d'ailleurs ce moyen de payer l'arriéré est-il bien le moins onéreux qu'il soit
possible d'employer?

C'est sur ces importantes questions que
j'ose me permettre, en très-grande hâte,

quelques réflexions, que faute du temps nécessaire pour les développer complétement, je ne ferai qu'indiquer et soumettre aux méditations des législateurs qui vont fixer le sort de la France, en fixant légalement le système de ses finances considéré sous le rapport de sa dette arriérée.

La France n'est point ruinée à beaucoup près; elle n'est qu'exténuée par les efforts inouis qu'elle a faits depuis quelques années : son sol est toujours le sol favori de la nature, et n'a rien perdu en étendue de ce qu'il était avant qu'elle fût affligée de cette funeste manie de conquérir, dont la Providence, dans son impénétrable sagesse, ou le ciel dans sa juste colère, l'avait frappée ; il en reste même sensiblement augmenté. Elle est toujours couverte de vingt-six à vingt-sept millions d'individus heureusement constitués et organisés, dont les neuf dixièmes ont absolument besoin de travailler pour vivre, et qui ne peuvent travailler sans ajouter plus ou moins à la fortune publique. Une seule récolte, quand la bienfaisante nature daigne nous l'accorder, *d'un tiers seulement*, meilleure qu'à l'ordinaire, comblerait, de son seul superflu, un déficit tel que celui qui nous effraye en ce moment. D'un autre côté, si le tiers, si même le quart de ses nombreux enfans était toujours occupé, chacun de son art ou de son métier, si jamais *le travail ne manquait à personne*, il en résulterait annuellement plusieurs milliars de produits divers, qui par les voies du commerce et des impôts, porteraient au trésor public un immense contingent. D'après les aperçus en masse les plus modérés, on peut comparer la situation actuelle de l'Etat en France, sous le rapport des finances, à celle d'un père de famille, propriétaire d'un domaine susceptible, *s'il était bien cultivé et administré*, de produire un revenu de 10,000 fr., et qui, par suite de quelques étourderies de ses enfans, se trouverait obéré de 15 à 1800 fr. en dettes criardes; assurément ce n'est pas là être ruiné, ni même réduit à la nécessité de faire d'énormes sacrifices, ou de démembrer sa propriété.

Mais pour obtenir tous ces produits, tant du sol que du travail et de l'industrie; pour les obtenir aussi abondans qu'il est raisonnable de les espérer en France; et pour s'en assurer la constante continuité, ce n'est pas assez de sa fertilité naturelle et de l'heureuse aptitude de ses habitans, il lui faut encore le concours de deux accessoires indispensables : l'un est cette sécurité publique dont nous étions absolument privés depuis vingt-cinq ans, parce qu'elle tient à la *stabilité* du gouvernement, qui tient elle-même à sa *légitimité*; stabilité sans laquelle, en effet, toujours à la veille de révolutions intestines et de guerres étrangères, nul n'ose s'aventurer à un certain point, ni pousser plus loin que la portée de ses regards, ce qu'il met en avant pour entreprendre quelque chose d'utile ou de lucratif : l'autre accessoire, également indispensable, est une masse de numéraire circulant, en quantité *suffisante* pour féconder convenablement l'industrie, l'agriculture et le commerce.

Le retour de notre légitime souverain, que toujours nous environnerons d'amour, de confiance et de dévouement; celui de toute son auguste famille qu'une poignée d'audacieux révolutionnaires a bien pu écarter pour un temps, mais non pas déposséder, parce qu'un règne de huit à neuf cents ans est un titre indestructible; ce retour si long-temps hâté par les regrets et par les vœux de tous les vrais français, nous rend enfin un gouvernement *stable*, et sous ce rapport la France n'a plus rien à désirer : mais beaucoup moins heureuse sous l'autre rapport, elle est loin de posséder tout le numéraire qu'exigerait le développement de ses grands moyens de prospérité ; et c'est là la cause principale de sa pénible situation actuelle ; c'est aussi celle des dangers qui pourraient encore la menacer : en un mot, c'est là qu'est son mal ; c'est là le mal qu'il faut attaquer au plus vîte, et qu'il faut attaquer à outrance, c'est-à-dire, de toutes les forces réunies de la raison, de la sagesse, de la prévoyance et de ce sentiment qui doit lier le sort de tout français à celui de son pays.

Le numéraire est en effet la matière première de toutes les spéculations grandes et petites, depuis celles du négociant le plus puissant jusqu'à celles du plus obscur artisan ; et de plus, il en est l'aliment journalier. Sans doute les produits continuels d'un travail continuel seraient un moyen de se faire tous les jours plus ou moins de ce numéraire, mais ce n'est pas quand il est rare et cher, car alors les acheteurs et les prêteurs sont rares et exigeans. D'ailleurs, avant de travailler ou de faire travailler pour son

propre compte, il faut à l'homme industrieux les sommes indispensables pour s'é-
tablir, s'outiller, s'approvisionner; et dans
une immense population telle que celle de
la France, dont les neuf-dixièmes étant
sans propriétés territoriales, sont forcés de
travailler pour vivre, comment tous ceux
qui, avec des avances suffisantes, seraient
en état de créer des produits plus ou moins
précieux, pourraient-ils se procurer ces a-
vances, lorsque le numéraire est si rare, si
difficile à obtenir, qu'à peine se livre-t-il, à
gros intérêt, sur des gages de valeur double
ou triple ? Telle est cependant la déplorable
situation pécuniaire dans laquelle se trouve
aujourd'hui notre riche et belle France ; et
c'est principalement cette accablante insuf-
fisance de numéraire qui, en contrariant le
développement de ses grands moyens de
travail pour tous, tant en agriculture qu'en
industrie, l'empêcherait invinciblement de
devenir en peu de temps la nation la plus
solidement fortunée de l'Europe.

La France, à l'époque de la révolution,
possédait une masse de numéraire métal-
lique qu'on évaluait à plus de deux milliars;
du moins est-il certain que de toutes les

nations riches de l'Europe, elle était, et de beaucoup, la plus riche en numéraire; mais la très-majeure partie de ce numéraire était détournée de son plus utile emploi par les spéculations lucratives qu'on trouvait continuellement à en faire, sans travail, sans éclat et sans soucis, dans les divers emprunts publics qui se succédaient rapidement, et sur l'énorme masse de rentes qui alors était due par l'Etat : genre de trafic, qui en France sur-tout, fut et sera toujours funeste à l'industrie. D'ailleurs, on était loin alors d'apprécier ce que valent pour l'Etat, l'industrie, l'agriculture et le commerce; ils étaient même humiliés et avilis dans l'opinion, puisqu'alors on n'était pas réputé *vivre noblement* si l'on n'était pas en état de *vivre sans travail* : absurde et sot préjugé qui a causé à la France des maux incalculables, dont les suites pèsent encore cruellement sur nous!

Heureusement ce préjugé n'existe plus, et il y a lieu d'espérer que jamais il ne renaîtra. Mais malheureusement nous n'avons plus cette opulente masse de numéraire effectif, qui alors eût pu suffir au développement de nos grands moyens de prospérité, si d'autres impulsions ne l'en eussent pas détourné. L'or et l'argent de France ont émigré à grands flots à la suite de nos trop malheureux princes; deux campagnes désastreuses, à la suite de plus de vingt années de guerres presque continuelles en pays étrangers, y ont entraîné des sommes immenses en numéraire effectif; et il faudra de longs efforts constamment heureux, pour faire revenir, par les voies ordinaires du commerce, les monnaies françaises qui fourmillent aujourd'hui sur tous les points de l'Europe.

D'un autre côté, depuis huit ans, les mines du nouveau Monde n'exportent plus de numéraire en Europe, ou n'en fournissent que très-peu en comparaison de ce qu'elles en fournissaient annuellement, et il s'écoulera bien des années encore avant que l'effroyable tourmente qui a séparé l'Espagne et le Portugal de leurs pécunieuses colonies soit calmée assez pour que les monnaies Américaines reprennent leur ancien cours et reviennent paisiblement affluer en Europe. Peut-être même le résultat de cette tourmente sera-t-il un nouvel ordre de choses, tel que ces monnaies ne reviendraient plus que par la voie des échanges; et si ce cas arrivait, qu'aurait la France à échanger contre des espèces d'or et d'argent, si faute de ces espèces en suffisante quantité, son industrie reste inactive, si même elle ne peut s'élever très-rapidement au degré d'activité et de perfection nécessaires pour soutenir la concurrence avec les autres nations industrieuses de l'Europe?

Ne nous dissimulons donc point que la rareté de numéraire effectif commence à se manifester très-sensiblement en Europe, que cette rareté doit empirer encore à mesure que les Indes Orientales pomperont nos espèces métalliques, sans que les Indes Occidentales en fournissent : qu'il est même possible que cette rareté aboutisse à une disette toujours croissante; et que cette nouvelle calamité, si nous étions assez imprévoyants pour ne pas en prévenir les funestes effets, serait beaucoup plus grave pour la France que pour les autres grandes nations de l'Europe, parce que déjà les autres, soit par prévoyance, soit par l'effet des circonstances, y ont obvié au moyen du numéraire fictif qu'elles sont parvenues à se créer. C'est avec du simple papier, et même du très-mince papier que l'Europe coalisée vient, non pas de vaincre nos guerriers, mais de bloquer notre or et notre argent avec tant de succès que nos invincibles armées, disséminées au loin, ont manqué presque subitement des moyens pécuniaires qui leur étaient nécessaires pour se réunir à temps en force suffisante, et n'ont pu prendre part à la lutte qu'elles étaient destinées à soutenir. Sans doute nous avons à nous en féliciter à jamais, puisque l'événement nous a rendu nos BOURBONS et la paix ; mais n'oublions pas que ce n'est point avec de l'or, que ce n'est qu'avec du papier monnaie, que les puissances coalisées ont osé concevoir et ont exécuté cette grande et difficile entreprise.

L'Angleterre nous présente des prodiges, bien plus étonnans encore, opérés avec son papier, puisque la voilà couverte de gloire, comblée de richesses et de prospérités de toute espèce, malgré vingt-cinq années d'efforts inouis, continuels et toujours redoublés. Elle n'a cependant que très-peu de numéraire effectif ; mais elle a pour 700 millions de francs de son seul papier de banque ; mais tous ses effets publics jouissent d'un crédit absolu et circulent avec la même facilité que son papier de banque ; mais ne faisant jamais un emprunt sans en assurer spécialement le remboursement, plus elle emprunte, plus elle augmente la masse de ses capitaux circulans. Aussi tous ses moyens de travail, d'industrie et de commerce sont-ils pleinement saturés de numéraire, qui tout fictif qu'il est, produit par tout les mêmes résultats que s'il était effectif.

Plusieurs causes, sans doute, concourent à cette admirable prospérité de l'Angleterre, quelques-unes même lui sont absolument particulières, ou du moins ne peuvent encore exister ailleurs : mais la principale, sans contredit, est l'abondance de ses capitaux actifs, de cette *matière première* de toutes les spéculations de l'industrie ; et l'on raisonnerait faux si l'on imputait sa brillante fortune à son commerce : ce serait prendre l'effet pour la cause et la cause pour l'effet ; car le commerce par lui-même ne crée rien ; il ne fait qu'augmenter la valeur première des objets créés par l'industrie et le travail, et il n'y aurait aucun commerce sur le globe si chaque famille n'y créait par son travail que ce qui est nécessaire à sa propre consommation.

En résultat, avec son numéraire fictif, l'Angleterre supporte aujourd'hui, sans en être fatiguée, une masse d'impôts divers qui s'élève à 93 fr. 75 cent. par tête, tandis que la France avec son or et son argent, sur un sol bien plus fortuné et dans la position géographique la plus heureuse, supporte à peine, sans en être accablée, une masse d'impôts qui ne s'élève qu'à 22 fr. 88 cent. par tête (*).

C'est dans cet état des choses que le ministre des finances propose de payer les 759 millions exigibles sur l'arriéré actuel de la dette publique, en obligations du trésor royal, à ordre, payables à trois années de la date des ordonnances, et portant intérêt de 8 pour cent par an.

Ces obligations seraient garanties tant par le prix de la vente, *sol et superficie*, de trois cent mille hectares de forêts de l'Etat,

----

(*) L'Angleterre avec une population de 16,000,000 d'individus, paye annuellement 1,500,000,000 d'impôts, et la France peuplée de 27,000,000 d'individus, ne payera en 1815 que 618,000,000. Cette année elle ne doit payer que 520,000,000, mais cette année ne peut servir de base à aucun calcul : elle n'est comparable à aucune autre. (Voir le rapport du ministre des finances, du 22 Juillet 1814.)

que par le prix de ce qui reste à vendre de biens des communes, et par les 70,300,000 fr. qui, en 1815, excéderont la recette sur la dépense de l'Etat.

D'où il résulte que déduisant des 759 millions à payer, les 87 millions à réaliser en trois ans de ce qui reste à vendre des biens des communes, et les 70 millions que l'année 1815 donnera en excédent de la recette sur la dépense, en total 157 millions, il resterait à payer, en obligations du trésor, 602 millions qu'il faudrait tirer de la vente, sol et superficie, des forêts de l'Etat, si, ce qui est très-vraisemblable, personne ne préfère à l'intérêt de 8 pour cent attaché aux obligations du trésor, celui de 5 pour cent que portent les inscriptions au grand livre des cinq pour cent consolidés, dont l'option est offerte aux créanciers arriérés.

Il est impossible de manifester une volonté de payer plus franche, plus loyale et plus décidée que n'en démontre le moyen proposé ; mais ce moyen est-il bien celui qui présente le plus d'avantages et le moins d'inconvéniens? Est-il bien celui qui convient le mieux à la situation politique actuelle de la France ? Enfin ce moyen est-il absolument forcé par les circonstances ?

Je ne parlerai point de ses avantages ; il n'en présente qu'un seul, mais sans doute il est inappréciable, et sans doute il devait l'emporter sur tout inconvénient, dans la conscience d'un gouvernement probe et paternel, puisque c'est celui de se libérer équitablement envers les malheureux créanciers arriérés de l'Etat : et certes, ce seul avantage suffirait pour réunir tous les suffrages en faveur du moyen proposé, si ce même avantage ne pouvait absolument s'obtenir par aucun autre moyen.

Quant à ses inconvéniens, il ne faut, pour s'en faire une juste idée générale, qu'un peu d'attention sur ce qu'en pense et en dit le ministre lui-même, dans son exposé du 22 Juillet, à la chambre des députés : on y verrait clairement qu'après l'inconvénient de ne point payer les créanciers arriérés de l'Etat, S. E. n'en conçoit pas de plus grave que celui de les payer du produit de la vente d'une partie des forêts domaniales ; et qu'il ne dissimule que très-faiblement, que forcé d'opter entre le mal *extrême* et celui *qui s'en rapproche le plus*, il a dû préférer le moindre, tout désolant, tout cruel qu'il est.

Quel cruel et cuisant sacrifice, en effet, que celui de ces magnifiques forêts qui, de tous côtés, paraient notre belle France! qui la fertilisaient et contribuaient si essentiellement aux douceurs et aux agrémens de sa température! qui multipliaient et alimentaient nos usines! qui étaient l'espoir et le soutien de notre marine! De ces forêts antiques dont nos premiers aïeux avaient fait le temple de leurs divinités, que nos pères ont toujours respectées, et que la hache même de nos plus déterminés révolutionnaires n'osa jamais attaquer! Et pourquoi ce cruel sacrifice? Pour payer des créanciers qui en seront lésés ou mécontens; qui déjà fatigués ou abîmés par une longue attente, devront encore attendre pendant quinze à dix-huit mois leur liquidation, dans les angoises de l'incertitude et des débats les plus rebutans; et pour les obliger, après ce nouveau retard que beaucoup sont absolument hors d'état de supporter, à recevoir des valeurs très-bonnes sans doute et très-avantageuses, mais qui livreront à l'impudente cupidité de l'agiotage tous les créanciers forcés de convertir promptement leurs obligations en espèces.

Si du moins ces obligations du trésor avaient cours de monnaie, elles n'auraient point ce grave inconvénient pour les créanciers arriérés, et d'un autre côté elles augmenteraient de 600 millions la masse actuellement insuffisante du numéraire actif ou en circulation ; elles vivifieraient d'autant le travail, l'industrie, l'agriculture et le commerce, et elles ne les féconderaient point sans qu'il en revînt au trésor public, par la voie des impôts, un surcroît de contingent qui compenserait bientôt la perte des 30 millions de revenu annuel, résultante pour l'Etat de la vente de ses 300,000 hectares de forêts domaniales (en supposant toutefois qu'on parvienne à les vendre à raison du denier vingt de leur produit net); mais loin de procurer ces résultats favorables pour l'État, pour le peuple et pour le créancier arriéré, les obligations du trésor, telles qu'elles sont proposées, agiraient en sens inverse : l'intérêt avantageux qui leur est attribué et l'appât d'un prochain remboursementenferaient l'objet de prédilection de l'agiotage ; elles deviendraient l'effet public le plus commode et le plus profitable à garder en porte-feuille, et elles dirigeraient encore vers ce funeste trafic le peu de numéraire effectif qui se vend si cher et si difficilement au peu d'industrie qui, en ce moment d'espérance universelle, tendrait à se ranimer.

Ajoutons qu'en se dépouillant ainsi d'une si belle partie de ses forêts domaniales, l'Etat se prive à jamais de la seule grande ressource extraordinaire, qu'en cas de besoin il puisse employer à soutenir une guerre ou à la prévenir par des armemens imposans. A la vérité, l'Europe entière est excessivement fatiguée, et, comme nous, elle a besoin de repos : mais comme jamais l'ambition ne se fatigué quand elle a obtenu des succès, cette lassitude respective des puissances ne suffit point pour nous garantir que la paix dont nous jouissons sera de longue durée, sur-tout si nous nous tirons mal de l'état d'urgence et de détresse dans lequel se trouvent nos finances. Tous les cabinets ont l'œil fixé sur nous : tous attendent avec un intérêt particulier comment nous allons faire, ce que nous allons devenir; les uns, pour chercher à s'appuyer sur nous, si nous devenons forts et riches; les autres, pour tenter de nous renverser, si nous restons languissans et pauvres. Toutes les prétentions politiques ne sont point satisfaites; des germes de discorde fermentent encore entre les puissances, et nos rapports actuels, avec toutes, sont devenus tels aujourd'hui, que quel que soit le point de l'Europe où se tirerait le premier coup de canon, il serait nécessairement pour la France le canon d'alerte ou le canon d'alarme.

Ajoutons encore que nos dix dernières années militaires ont totalement changé l'ancienne manière de faire la guerre. La France, toujours victorieuse, mais imprudemment dirigée, a donné aux autres nations de l'Europe des préceptes et des exemples dont elles ont habilement profité. Toutes ont aujourd'hui des armées nombreuses, braves et aguerries; toutes ont d'excellens, de grands généraux: et la supériorité des armées françaises n'est plus ce qu'elle fut aux jours de leurs triomphes; non pas qu'elles

aient perdu de leur incomparable valeur,
mais par la seule raison qu'en ce genre elles
avaient moins à acquérir que celles de nos
rivaux qui, du moins, apprenaient chaque
jour à être moins facilement vaincus. Nous
leur avions démontré que des frontières
puissamment fortifiées pouvaient n'être que
d'onéreuses et inutiles barrières contre une
invasion audacieusement dirigée droit au
cœur des Empires les plus redoutables; et peù
de temps après, nous avons vu ces mêmes
rivaux entrer en vainqueurs dans notre capitale, sans s'inquiéter des cinquante for-
midables forteresses qu'ils avaient tournées
ou dépassées. D'après cette nouvelle tac-
tique, il faudra désormais, en cas de guerre,
se hérisser de places fortes sur tous les points
du royaume, se tenir en état d'armer la population entière, fortifier tous les ponts,
tous les défilés, tous les postes militaires de
l'intérieur, et entretenir en campagne des
armées innombrables : la guerre, en un mot,
deviendra nécessairement beaucoup plus
dispendieuse qu'elle ne l'a jamais été. Et
comme la victoire, en définitif, reste toujours,
après un certain nombre de campagnes,

non pas au dernier brave, mais à celui qui reste maître du dernier écu, malheur à la nation qui n'aurait pas toujours à sa disposition des moyens extraordinaires de subvenir aux dépenses d'une guerre, quelque violente qu'on puisse la prévoir. Les unes auraient pour ressource extraordinaire un crédit magique et prodigieux, mais qui tient à l'événement d'une ou deux grandes batailles ; d'autres auraient l'espérance qu'un papier monnaie, qui leur a déjà réussi, leur réussirait encore ; et ces moyens sont évidemment faibles ou précaires en comparaison de ceux de la France, tant qu'elle sera en possession de ses forêts domaniales ; de ces immenses propriétés foncières qui, sous un gouvernement stable et loyal, peuvent en tout temps réaliser les sommes plus ou moins importantes que les circonstances exigeraient. Je conclus de ces considérations, que l'Etat ne peut, sans compromettre l'existence politique de la France et la sûreté individuelle de tous les Français, se dépouiller d'aucune de ses propriétés foncières en faveur de ses créanciers.

Il me reste à examiner si en effet la France

n'a pas d'autre moyen de se libérer de l'arriéré actuel, que la vente de ses forêts domaniales; si ce moyen est bien réellement forcé par les circonstances, c'est-à-dire s'il est absolument le seul, dépendant de la volonté du gouvernement, qu'il soit possible d'employer, et comme pour parvenir à résoudre cette grande question, tous raisonnemens seraient insuffisans, je me bornerai à soumettre à mon lecteur un autre moyen, qu'il puisse comparer à celui que je viens de discuter.

PROJET

Portant création D'UN MILLIAR EN BILLETS D'ETAT, *ayant cours de monnaie, et payables en espèces, de trois mois en trois mois, pendant dix ans, par la voie du sort, au moyen d'un fond de cent millions par an, prélevé spécialement sur le produit de la Contribution directe.*

ARTICLE PREMIER.

Il sera monétisé en billets, dits *billets d'Etat,* une somme de 100 millions par an, à prendre et prélever sur chacune des dix années prochaines de la contribution directe, qui (suivant le dernier rapport du ministre des finances) est fixée à la somme de 291,266,000 fr. pour la présente année. Il en résultera *un milliar en billets d'Etat*, et ils seront successivement payés en espèces métalliques aux époques et suivant les dispositions qui seront ci-après déterminées.

II.

Ce milliar sera composé de quarante séries de *billets d'Etat*, formant chacune 25 millions, et chaque million sera composé de cinq mille *billets d'Etat* de chacun deux cents francs.

III.

Chaque *billet d'Etat* portera ostensiblement en chiffres et en toutes lettres, 1.º le numéro de sa série ; 2.º le numéro du million dont il fait partie dans sa série; 3.º le numéro qu'il occupe dans ce million.

IV.

Les *billets d'Etat* ne porteront point d'intérêt; mais à un qui sera désigné sur cinq par la voie du sort, il sera attribué une

prime cumulative de deux et demi pour cent
de sa valeur nominale, par trimestre, à
compter du 1.er janvier 1815, jusqu'à l'époque de son paiement en espèces.

V.

A cet effet, le 1.er avril prochain, il
sera solennellement tiré au sort un numéro
sur les 40 de 1 à 40 compris, qui seront
mis dans une roue de fortune. Le numéro
sortant désignera la série qui sera immédia-
tement payée en espèces et à présentation,
soit à Paris par la caisse à ce préposée, soit
dans les principales villes du royaume, par
les receveurs généraux de départemens, qui
correspondront avec cette caisse.

Le même jour, séance tenante, et immé-
diatement après le tirage de la série à payer,
il sera mis dans une autre roue de fortune
vingt-cinq billets numérotés de 1 à 25 compris, et il en sera successivement tiré cinq
qui indiqueront les cinq millions de la série
payable en espèces, auxquels le sort accorde
la prime cumulative de deux et demi pour
cent par trimestre, établie par l'article IV,
laquelle, à cette première époque, sera de

deux et demi pour cent de la valeur nominale de chaque billet composant les cinq
millions désignés par le sort.

VI.

Trois mois après, c'est - à - dire le
1.er juillet 1815, un second tirage fait dans
les mêmes formes que les précédens, dé-
terminera par la voie du sort, 1.º celle des
39 séries restantes, qui, à cette deuxième
époque, sera aussi payable en espèces; 2.º les
cinq millions de cette série auxquels restera
la prime cumulative, qui, à cette deuxième
époque, sera de cinq pour cent de la valeur
nominale de chaque billet composant ces
cinq millions.

Trois mois après, c'est-à-dire le 1.er octobre 1815, un troisième tirage fait dans les
mêmes formes que les précédens, détermi-
nera celle des 38 séries restantes, qui, à cette
époque, sera payables en espèces, et les cinq
millions de cette série auxquels échoira la
prime cumulative, qui, à cette troisième
époque, sera de sept et demi pour cent de
la valeur nominale de tous les billets
composant ces cinq millions.

- Les mêmes opérations se feront successivement tous les trois mois, jusques et compris le 4o.ᵉ et dernier paiement, époque à
laquelle la prime cumulative s'élèvera à cent
pour cent de la valeur nominale de tous les
billets composant les cinq millions de cette
dernière série, auxquels le sort l'accordera.

VII.

Tous ces tirages seront faits avec toute
l'authencité possible, et il en sera dressé
procès-verbal, qui sera publié, affiché et
inséré dans tous les journaux et feuilles
périodiques du royaume.

VIII.

Chaque trimestre, tous les billets de
la série payée, seront, dans les trois mois
de ce même trimestre, réunis et anéan-
tis solennellement; il en sera dressé procès-verbal certifié par un nombre suffisant
de fonctionnaires présens. Ce procès-verbal fera mention sommaire des billets qui
ne se seraient point présentés au payement
dans le courant du trimestre; et ils seront
réputés définitivement nuls, si dans les six

mois suivans, les porteurs, en les représen-
tant au payement, ne justifient point que
force majeure a empêché de les présenter
avant l'expiration du trimestre.

IX.

A l'effet d'opérer et d'assurer les payemens en espèces, aux époques ci-dessus
déterminées, la contribution directe sera
répartie et recouvrée ainsi qu'il suit, dans
tout le royaume, pendant chacune des dix
années prochaines.

Les 100 millions spécialement affectés à
représenter et payer les *billets d'Etat*, seront répartis séparément en quatre parties
égales, dont la première sera exigible et recouvrée en Janvier, pour être appliquée au
payement des *billets d'Etat* en Avril; la
seconde en Avril, pour être appliquée au
payement à faire en Juillet; la troisième en
Juillet, pour être appliquée au payement
à faire en Octobre; et la quatrième en Octobre, pour être appliquée au payement de
Janvier suivant.

Et les 191,266,000 fr. restés libres de la
contribution directe, déduction faite des

100 millions qui sont spécialement affectés au payement des *billets d'Etat*, seront répartis en huit parties égales, dont la 1.re sera recouvrée en Février, la 2.e en Mars, la 3.e en Mai, la 4.e en Juin, la 5.e en Août, la 6.e en Septembre, la 7.e en Novembre et la 8.e en Décembre.

X.

Toutes variations qui pourraient survenir pendant les dix années prochaines, dans la quotité générale de la contribution directe, soit que les circonstances obligent de l'augmenter, soit qu'elles permettent de la diminuer, ne porteront que sur les 191,266,000 fr. restés libres, déduction faite des 100 millions affectés au payement des *billets d'Etat;* et ces 100 millions répartissables et recouvrables en Janvier, Avril, Juillet et Octobre de chaque année, ne seront jamais ni augmentés ni diminués pendant les dix années prochaines.

XI.

Afin que, dans aucune circonstance, les deniers spécialement affectés au payement des *billets d'Etat* ne puissent être détournés de leur destination, il sera créé, sous la surveillance et l'autorité du ministre de l'intérieur, de celui des finances et du directeur général de la police, *une direction générale des billets d'Etat*, qui aura son administration particulière, ses bureaux, sa caisse; et qui sera exclusivement chargée de tout ce qui concernera la confection, la circulation et le payement des *billets d'Etat*, ainsi que de leur réunion et anéantissement après le payement.

XII.

La prime cumulative attribuée par l'article IV aux *billets d'Etat*, s'élevera :

Pour les 4 payemens de 1815, à·········	1,250,000f.
Pour les 4 payemens de 1816, à········	3,250,000
Pour ceux de ········1817, à········	5,250,000
Pour ceux de ········1818, à········	7,250,000
Pour ceux de ········1819, à········	9.250,000
Pour ceux de ········1820, à········	11,250,000
Pour ceux de ········1821, à········	13,250,000
Pour ceux de········1822, à········	15,250,000
Pour ceux de········1823, à········	17,250,000
Pour ceux de········1824, à········	19,250,000

En total, pendant 10 ans, à········103,500,000

Et il sera pourvu annuellement à cette

dépense, ainsi qu'à celle de la direction générale des *billets d'Etat*, par des fonds supplémentaires ; à l'effet de quoi ces dépenses seront comprises, chaque année, au budjet des dépenses, et considérées comme dépenses du service courant non susceptibles de retard.

XIII.

Les *billets d'Etat* sont déclarés monnaie courante de l'Etat, concurremment avec les espèces d'or, d'argent et de billon, *dans tous les payemens qui excéderont la valeur nominale du billet ou des billets d'Etat présentés en payement*, à la charge, par le payant, de faire les appoints en espèces métalliques.

XIV.

Attendu que la prime cumulative attribuée aux *billets d'Etat*, quoiqu'elle soit fixée à raison de dix pour cent par an pour les billets favorisés par le sort, est absolument nulle pour les autres qui resteront immuablement fixés à leur valeur nominale, nul ne pourra dans ses transactions, à quelqu'époque que ce soit, pas même la

veille du 40.ᵉ et dernier payement, prétendre
que son billet soit reçu en payement pour
plus que sa valeur nominale.

XV.

Néanmoins, toutes négociations et éva-
luations de gré à gré des *billets d'Etat*, seront licites et protégées par les lois, comme
toute autre clause librement consentie
entre particuliers.

———————

Je crois entendre une clameur qu'on serait tenté de croire universelle, tant elle
est bruyante, s'élever contre mes billets
d'Etat, et je m'y étais attendu. J'avais prévu que la première proposition d'un papier
monnaie allait soulever spontanément l'o-
pinion du grand nombre de personnes qui,
parmi nous, opinent sans réflexion ou d'a-
près des apparences qu'on ne prend pas la
peine d'examiner, ou d'après l'opinion d'autres qui n'ont pas mieux examiné que nous.
J'avais prévu que la seule idée d'un papier
monnaie, en rappelant le souvenir des fa-
meux papiers du système et celui de nos assignats de récente mémoire, ferait, sur

beaucoup d'entre nous, cette effroyable impression que font pendant la nuit, sur les gens peureux, les apparitions qui ont ou paroissent avoir quelque rapport de ressemblance avec ces fantômes, ces revenans, ces loups-garoux, dont, pendant notre enfance, les histoires nous ont frappé de terreur. J'avais prévu que ceux qui ont personnellement à se plaindre des assignats, m'en opposeraient des monceaux encore existans, comme la preuve matérielle irréfragable des inconvéniens désastreux de tout papier monnaie : que ceux qui les ont oubliés ou qui n'en ont jamais bien connu la véritable histoire, ne manqueraient pas (tout en préférant aujourd'hui un billet de banque à un sac d'argent) d'assimiler aux assignats, et mes billets d'Etat, et tout ce qui serait papier monnaie, par la raison très-évidente et très-concluante, que tous seraient *faits de la même matière*. J'avais sur-tout prévu que les marchands d'argent se récrieraient avec encore plus de virulence, attendu qu'un papier monnaie qui circulerait aussi facilement que l'or et en suffisante abondance, pourrait, en effèt, déranger un peu

.ces innocentes et paisibles spéculations qui les conduisent si lestement à l'opulence, à l'arrogance, à la dureté, à l'égoïsme; qualités précieuses pour l'Etat comme pour la société, et qui ne peuvent appartenir qu'à ceux qui ont su faire fortune sans travail, sans industrie et sans autre talent que celui de pressurer le malheureux qui voulait, en travaillant, vivre, être utile aux autres, à son pays et à son roi.

Nobles et braves français! Votre brillante valeur vous a couverts d'une gloire incomparable; vous avez de l'esprit comme les anges; vous avez le goût d'une finesse et d'une délicatesse exquises qui n'appartiennent et n'appartiendront jamais qu'à vous; vous avez au suprême degré l'aptitude à tous les talens, à toutes les sciences; il n'est pas de vertus dont vous ne soyez capables, pas d'agrémens dont vous ne soyez susceptibles: mais, soit dit sans vous offenser, nous raisonnons peu, nous méditons encore moins, et nous jugeons inconsidérement. Une opinion se place dans notre tête par hasard ou par circonstance, et sitôt qu'elle y est logée, .par la seule raison que telle est notre opinion, nous ne daignons même plus écouter les observations qui peuvent la contrarier: elle devient, contre vent et marée, le gouvernail de notre conduite; nous nous élançons avec impétuosité dans toutes les directions qu'elle nous imprime, et nous résistons à outrance à toutes les impulsions qu'on tente de nous donner en sens contraire, jusqu'à ce qu'une catastrophe nous frappe, nous arrête et nous fixe au repos de l'insousiance, autre excès qui n'est ni moins funeste ni moins blâmable. Ne cherchons point ailleurs que dans cette manière d'être du plus grand nombre d'entre nous, l'explication des hautes folies et des malheureux écarts que, depuis vingt-cinq ans, nous avons à nous reprocher; tâchons, du moins, d'en profiter pour devenir plus sages, plus réfléchis, et commençons le grand œuvre de notre conversion et de notre retour à la raison, par examiner, sans prévention, cette répugnance qui nous paraît si généralement prononcée, en France, contre tout papier monnaie.

J'avoue que, pour mon compte, je suis loin de croire cette répugnance aussi géné-

rale que semblerait l'indiquer le grand bruit
que font contre le papier monnaie, ceux
qui croient que du bruit et des cris sont
des raisons ; et je me fonde sur une combinaison toute simple. Ceux qui ont fait
fortune avec les assignats, ceux qui, avec
cette valeur purement illusoire, ont ac-
quis de belles et bonnes propriétés (et le
nombre de ces heureux est plus considé-
rable qu'on ne le pense), ceux-là, dis-je,
jouissent en silence de leur bonne aventure : tandis que ceux qui ont été ruinés
ou lésés par ces mêmes assignats, s'en
plaignent avec amertume, et crient à tue-
tête, à la seule idée d'un papier monnaie.
Or, il est tout simple qu'un seul individu
qui crie, fasse beaucoup plus de bruit que
cent individus qui ne disent mot et ne
soufflent point. Il est tout simple aussi, que
les gens disposés à faire *chorus* dans toutes
les occasions, espèce fort nombreuse chez
nous, fassent du bruit et crient quand ils
entendent crier les autres. Cette rumeur
contre le papier monnaie, qu'on serait tenté, tant elle est bruyante, de confondre
avec l'expression de l'opinion publique,

pourrait donc fort bien se réduire à l'expression des plaintes de quelques-uns de
ceux qui ont été blessés dans la déroute des
assignats, et qui ayant oublié avec quelle
facilité ils étaient devenus millionnaires ,
trouvent dur aujourd'hui de se retrouver
dans l'extrême médiocrité d'où ce papier
chanceux les avait tirés. Laissons-les s'en sou-
lager un peu par leur très-excusable colère
contre le papier monnaie ; mais songeons
que la colère ne raisonne point, et gardons-
nous de partager inconsidérément leur ran-
cune.

Consultons d'ailleurs l'expérience et les
faits. Nous reconnaîtrons que tout chimé-
riques qu'ils étaient, considérés sous le rapport de leur valeur réelle, les assignats,
dans leur temps , opérèrent de grandes
choses en France; qu'ils mirent sur pied et
qu'ils entretinrent des armées nombreuses;
qu'ils repoussèrent l'Europe presqu'entière
qui, déjà maîtresse de quelques-unes de nos
provinces, menaçait de près notre capitale;
et qu'en définitif ils nous valurent d'importantes conquêtes. Sans doute nos guerriers
étaient les plus dévoués , les plus intrépides

guerriers de la terre, mais sans argent en suffisante quantité, ils n'auraient pu que mourir glorieusement; il leur en fallait beaucoup pour vaincre , nous en avions peu, et les assignats y suppléèrent complétement. Dans l'intérieur, ils subvinrent à tous les besoins de l'Etat, ils maintinrent sur tous les points du royaume le travail et l'industrie dans la plus lucrative activité; et s'il fut un temps de leur courte durée où l'artisan et le journalier ne pouvaient plus vivre sans dépenser par jour plusieurs milliers de ces francs de papier, du moins savaient-ils toujours où les gagner.

On ne peut absolument nier ces grands et favorables résultats : on ne peut nier qu'on les dût aux assignats, avant les nombreux désastres individuels que causèrent l'abus et la chute de ce singulier papier, dont la durée, toute courte qu'elle fut, me semble plus surprenante encore que ses succès.

Ainsi, l'aventure des assignats, loin de me prévenir contre, me semble, au contraire, absolument concluante en faveur d'un papier monnaie en France : car, si avec le plus mauvais, le plus mal constitué de tous les papiers imaginables, par cela seul qu'il était créé par un gouvernement révolutionnaire, la France a obtenu d'aussi importans avantages, que n'est-on pas fondé à espérer pour elle d'un papier monnaie aussi solide et plus précieux que l'or qu'il représente, qui serait *légalement* créé par le gouvernement d'aujourd'hui (*), sous un roi qui ne voit dans ses sujets que des enfans d'autant plus chers, qu'il en fut long-temps et cruellement séparé par le malheur ; à qui l'on ne peut raisonnablement supposer d'autres besoins que ceux de sa grande famille ; qui, d'ailleurs, chef auguste de la dynastie royale la plus ancienne et la plus illustre, ne peut avoir d'autre ambition que celle de laisser à ses successeurs le royaume le plus florissant et le plus heureux de la terre.

____

(*) La charte constitutionnelle, en distribuant aux deux chambres une portion intégrante du pouvoir souverain, en matière de finances, met le gouvernement dans l'impossibilité de multiplier à son gré tout papier monnaie qui serait légalement créé.

Je n'ignore point qu'un homme prodigieux, que la fortune, la terreur et les flateurs avaient à demi divinisé, dont les simples paroles étaient devenues des lois ou des oracles, a dit solennellement, il n'y a pas encore un an, qu'un papier monnaie serait, en France, le *fléau de l'ordre social*; mais ne croyons pas à cette assertion plus qu'il n'y croyait lui-même. Ce n'était pas aux assemblées des représentans de la nation qu'il disait franchement sa pensée; et s'il n'eût pas su où était tout le numéraire effectif dont il avait besoin, s'il ne se fût pas senti assez d'autorité et de moyens pour se le faire livrer de gré ou de force, s'il n'eût pas jugé que ce n'était qu'avec de l'argent sonnant qu'il pouvait combattre avantageusement le frêle papier de ses ennemis, enfin, s'il n'eût pas été convaincu de l'impossibilité de créer un papier présentable, dans les circonstances où nous étions et sous un gouvernement tel que le sien, il se serait prononcé bien différemment.

Je crois avoir démontré que, considérés comme simple papier monnaie, les billets

d'Etat que je propose sont absolument nécessaires pour payer l'arriéré actuel de la
dette publique ; que ce moyen serait le
plus convenable aux grands intérêts inté-
rieurs et extérieurs de la France (*) ; et que,

(*) Un excellent citoyen, un digne français, M. Galland de Poitiers, vient, dans un petit écrit, d'émettre
le vœu de parvenir au payement de l'arriéré actuel de
la dette publique, au moyen d'un don volontaire que,
pendant six ans, tous les propriétaires déposeraient
sur l'autel de la patrie, entre les mains du souverain,
dont un sixième en espèces, et cinq sixièmes en engagemens payables à une, deux, trois, quatre et cinq
années d'échéances, qui, déposés dans les caisses des
receveurs généraux, y deviendraient le gage spécial
de pareilles sommes de bons royaux, remboursables
à des époques concordantes avec les échéances de
ces engagemens, et qui seraient employés à payer les
créanciers arriérés.

Il est impossible de se refuser à l'évidente suffi-
sance d'un pareil moyen, qui honorerait à jamais la
France et la génération actuelle ; mais espérer qu'il
soit unanimement accueilli, n'est probablement qu'une
séduisante illusion. Elle prouve, de la part de M.
Galland, un dévouement bien sincère à son roi et à
son pays, et un civisme d'autant plus estimable qu'il
est excessivement rare. Il faut être soi-même profon-
dément pénétré des sentimens qui ont dicté cet écrit
pour les croire universels. On ne peut du moins con-

considérés sous le rapport de leur valeur réelle, ces billets d'Etat ne peuvent, en aucune manière, être assimilés à nos défunts assignats. Il est d'ailleurs évident qu'ils sont aussi solides et plus précieux que l'or qu'ils représentent; puisque, d'une part, ils sont une portion spécialement prélevée sur le produit de celui de nos impôts dont la perception est la moins éventuelle; et que, de l'autre, ils augmentent continuellement de valeur entre les mains du porteur, jusqu'à l'époque de leur payement en espèces sonnantes.

Il me reste à prévenir quelques objections que je puis prévoir.

Peut-être, en effet, m'objectera-t-on l'importance du sacrifice pécuniaire qu'entraînerait la prime cumulative de deux et demi pour cent par trimestre, attribuée aux billets d'Etat, et les frais de leur direction générale.

J'observe, 1.º que cette prime cumula-

tester à M. Galland, que son plan de libération serait de beaucoup le meilleur de tous ceux qu'on peut imaginer, si réellement il était exécutable, et si ses bons royaux avaient cours de monnaie.

tive, quoiqu'elle soit de dix pour cent par an, n'étant attribuée qu'à la cinquième partie des billets d'Etat en émission, elle ne s'élève, en totalité, pour les dix années, qu'à 103,500,000 fr., c'est-à-dire à un peu plus de deux pour cent par an du capital créé; qu'elle ne s'éleverait qu'à 9,750,000 francs pendant les trois premières années, à quoi ajoutant même 4,000,000 par an pour les frais de la direction générale, on n'aurait encore que 21,750,000 fr. de sacrifice à faire pendant ces trois premières années.

2.º Que si l'on compare ce sacrifice pécuniaire à celui qu'entraînerait la création des 600,000,000 d'obligations du trésor, garanties par le prix de la vente de 300,000 hectares de forêts domaniales, on reconnaîtra que celui-ci, pendant ces mêmes trois premières années, s'éléverait d'abord à 144,000,000 pour l'intérêt de huit pour cent par an, pendant trois ans, de ces 600,000,000 d'obligations du trésor; et de plus à 90,000,000 provenant de la perte, pendant trois ans, des 30,000,000 de revenu annuel, dont l'Etat se dépouillerait en vendant, sol et superficie, pour 600,000,000 de forêts domaniales; en total à 234,000,000 au lieu des 21,750,000 f. que coûteraient les billets d'Etat, compris les frais de leur direction générale.

Différence en faveur des billets d'Etat, pendant les trois premières années, non compris les faux frais et les frais accessoires de l'opération de la vente des forêts domaniales, objet que je ne puis évaluer, 212,250,000 fr. : et cette différence serait d'autant plus précieuse et déterminante en faveur des billets d'Etat, que ces trois premières années seront pour la France trois années de convalescence, toujours moins difficiles à mesure qu'elles s'écouleront; et que si elles se passent sans accident, les sept suivantes seront des années de santé et de prospérité, telles qu'environ 120,000,000 qui resteront à sacrifier pendant ces sept années, tant pour les primes que pour les frais de la direction générale, ne seront qu'une charge légère, qui d'ailleurs se trouvera compensée avantageusement par les incalculables améliorations, qui déjà auront résulté de l'action, pendant trois ans, d'un milliar de capitaux de plus en circulation;

3.° Que si l'on compare les résultats au

bout de dix années, on reconnaîtra que, pendant ces dix années, les billets d'Etat, y compris les frais de leur direction générale, n'auront coûté que 143,500,000 fr.; tandis que les obligations du trésor, non compris ses frais accessoires, auraient coûté en intérêts 144,000,000; et en diminution de revenu annuel, dix fois 30,000,000, c'est-à-dire 300,000,000, en total 444,000,000: différence, en faveur des billets d'Etat, 300,500,000 fr.; et dans leur système, la France, libérée de suite, se trouverait, au bout de ces dix années, enrichie des produits de l'action, pendant dix ans, des billets d'Etat sur l'industrie, l'agriculture et le commerce; et, enfin, ce qui sous d'autres rapports est bien plus important encore, elle serait toujours en possession de ses forêts domaniales.

On m'objectera peut-être encore, qu'il est douteux que l'Etat puisse se passer des 100,000,000 que je propose de prélever chaque année, pendant dix ans, sur les produits de la contribution directe, pour les employer spécialement à payer, tous les trois mois, 25,000,000 de billets d'Etat. Mais cette objection ne peut être fondée que de la part de ceux qui n'auraient pas lu, ou qui n'auraient pas lu avec une suffisante attention, l'exposé et le rapport du ministre des finances : car, d'une part, S. E. annonce que le budjet de 1815 présente un excédent de la recette sur la dépense, de 70,300,000 fr. qu'elle destine à payer une partie de l'arriéré ; de l'autre, S. E., en proposant la vente, *sol et superficie*, de 300,000 hectares de forêts domaniales, se prive de 30,000,000 de revenu annuel. Ainsi, tant en diminution de revenu qu'en excédent de recette sur la dépense, on voit 100,300,000 fr. que le ministre n'a pas jugés nécessaires au service courant de 1815, dont, par conséquent, il juge pouvoir se passer en 1815 ; et s'il le peut en 1815, à plus forte raison le pourra-t-il les années suivantes, puisque l'ordre sera plus solidement rétabli, et les améliorations plus avancées et mieux assurées, sauf, cependant, les grands événemens imprévus ; mais n'oublions pas qu'en ce cas, la création des billets d'Etat laisse en son entier, au gouvernement, la grande ressource extraordinaire de ses forêts domaniales, tandis qu'il ne l'aurait plus, si au lieu des billets d'Etat il employait ces forêts à payer les créanciers arriérés.

Enfin, il serait possible que, faute de m'être expliqué assez clairement, quelques personnes m'objectassent que les billets d'É·tat ayant cours de monnaie, devant par conséquent être admis dans toutes les caisses publiques en paiement des impôts, il est douteux que le gouvernement puisse réunir, tous les trois mois, assez d'argent sonnant pour payer les 25,000,000 de billets d'Etat qu'il se serait engagé à payer en espèces : mais la réponse à cette objection se trouve dans le texte même du projet, qui veut qu'aucun billet ne soit forcé en paiement d'une somme moindre que sa valeur nominale ; qui, dans tous les cas, oblige le payant à faire tous appoints en espèces ; et qui détermine la perception par quart, en janvier, avril, juillet et octobre, de la partie de la contribution directe affectée spécialement au paiement des billets d'Etat ; car, d'après

la combinaison de ces diverses dispositions,
il reste démontré que le gouvernement ne
pourra jamais être tenu de recevoir un seul
billet d'Etat, en paiement de la contribution directe, que des contribuables imposés
à 2,400 fr. et au-dessus.

En résultat, la création des billets d'Etat
que je propose, est une délégation que l'E-
tat fait à ses créanciers arriérés, de la partie
de son revenu, dont, au moyen de l'ordre et
à la faveur de la paix, il peut se passer sans
compromettre ni sa dignité intérieure, ni
son rang parmi les nations, ni sa puissance;
et c'est-là, certainement, la manière de s'ac-
quitter la plus honorable, puisque, sans s'é-
carter des devoirs de la plus scrupuleuse
loyauté, elle est en même-temps la plus
convenable à sa situation politique, et la
plus favorable au développement des grandes ressources de la France, qui, n'ayant
pour elle ni l'excellent esprit national qui
caractérise les Anglais, ni leur prodigieux
crédit public, doit du moins s'attacher à
y suppléer avantageusement, par la mise
en pleine valeur des moyens plus solides
et moins éventuels que lui offrent si par-

ticulièrement son sol, sa position géographique, sa nombreuse population, et le génie actif et industrieux de ses habitans.

FIN.